풀꽃

나태주

자세히 보아야
예쁘다

오래 보아야
사랑스럽다

너도 그렇다

이름 :

학과 :

학번 :

전화번호 :

자아와 명상 워크북 2
WORKBOOK FOR SELF & MEDITATION VOL.02

사랑, 하고 있나요?

자무 지음

모과나무

지금

나를 포함한

모든 이에게

따뜻한 눈

따뜻한 미소

그리고

따뜻한 마음으로

사랑, 하고 있나요?

Love, do you love?

사랑할 준비가 되어 있나요?

자신이 고통을 경험할 때
진실로 사랑하는 사람을 돌보듯
자신을 돌볼 수 있다면
사랑할 준비가 되어 있는 것이다.

Are you ready to love?

이 세상에서 가장 중요한 것은
내가 '어디'에 있는가가 아니라
'어느 쪽'을 향해 가고 있는가를
파악하는 일이다.

올리버 웬델 홈즈

Where am I going now?

나는
누구인가?

본체로 돌아가는
가장 단순한
질문

우리는 왜 사느냐는 질문을 종종 합니다.

먹기 위해 사느냐, 살기 위해 먹느냐는 질문도 합니다.

나는 진정으로 누구인가?

《자아와 명상 워크북》은

이 질문을 시작으로 참나를 찾아가고

어떻게 살아야 하는지 잃어버린 꿈을 찾고

나 아닌 삼라만상을 이해하며

어떠한 경우에도 편안하고 행복한

삶을 살 수 있도록 도와줄 것입니다.

지금 이 시간은 다시 돌아오지 않습니다.

지나가는 사람은 미워하지 않으면서도 가장 사랑해야 할 사람들, 예를 들어 부모, 형제, 친구들과 원수가 되어 싸웁니다. 미워하면서 화내고 짜증내고 분노하며 대부분의 시간을 허비하는 경우가 종종 있습니다. 살아가면서 그때그때 아주 작은 행복을 발견하지 못하면 평생 후회할지도 모릅니다. 나중의 행복과 성공을 위해 지금의 행복을 미뤄두어서는 안 됩니다.

《자아와 명상 워크북》은

동국대학교의 학생들이 학교의 교훈인 지혜, 자비, 정진을 겸비한 인성을 갖추게 하기 위해 개발된 교재입니다. 자아와 명상 프로그램에서 지향하는 것은 학생들이 명상법을 배워 이를 생활 속에서 습관화하여 자신의 삶을 더 깊이 비추어 보고, 이를 기반으로 공동체 속에서 타인과 행복한 관계를 맺는 법을 배우도록 하는 것입니다.

《자아와 명상 워크북》은

강의식 수업이 아닌 실기를 통한 체험 과정으로 이루어진 프로그램을 위한 교재입니다. 이러한 체험 과정은 스트레스나 갈등 상황 등의 환경에 처했을 때 스스로 이겨나갈 수 있는 내적 역량을 키울 수 있게 해줍니다.

《자아와 명상 워크북》은

자기와의 만남에서 출발하여 내면을 성찰하는 과정을 거쳐 채움과 비움을 통해 비로소 나눔을 실천할 수 있도록 안내합니다.
또한 명상 프로그램은 일상에서 명상을 실천하고 훈련하여 나와 남에게 지혜롭고 자비로운 사람이 되도록 도와줍니다.

비는 내리고 바람은 붑니다.

언제나 그렇습니다. 하지만 비를 탓하고 바람을 탓하며 앞으로 나아가지 못할 수많은 이유를 찾기만 해서는 안 됩니다. 우리에게 일어나는 소소한 걱정거리는 언제나 생깁니다. 그렇다고 해서 행복을 미루거나 내 삶을 포기해서는 안 됩니다.

이 제 새 로 운 여 행 을 떠 나 봅 니 다 !

그림 © 희상 스님

강의 계획

교과목명	자아와 명상 II
구분/ 학점	교양필수 / 1학점
강의실	정각원 / 금장생활관 법당
담당 교수	
교재	자아와 명상 II 워크북
강의 방법	이론 + 명상실습 + 나누기
준비물	교재, 필기도구

성적 평가

출석	출석 점수는 성실도가 포함
	15분 이후 지각은 결석 처리
	결석 4회부터 F학점
	지각 3회시 결석 1회 해당
	유고결석시 유고결석인정신청서와 증빙서류 제출
과제	자아와 명상 II 워크북

50% 출석　　**50%** 과제

차례

자기 만남

자기 채움

자기 비움

자기 나눔

자기
만남

SELF MEETING

정말 나는 누구일까?

나는 지금 내가 차지하고 있는 이 공간적 시점에,
시간 속의 이 정확한 순간에 자리 잡고 있다.
나는 이 지점이 결정적이지 않은 것을
허락할 수 없다.
나는 두 팔을 한껏 길게 뻗어본다.
나는 말한다.
여기가 남쪽,
여기가 북쪽…
나는 결과다.
나는 원인이 될 것이다.
결정적인 원인이!
두 번 다시 있을 수 없는 하나의 기회!
나는 존재한다.
그러나 나는 존재하는 이유를 찾아내고 싶다.
나는 내가 왜 사는가를 알고 싶다.

앙드레 지드《지상의 양식》중에서

나는 누구인가

물속에 사는 물고기는
물을 알 수 없듯이

눈을 통해 세상을 보지만
정작 자신의 눈은 볼 수 없습니다.

자기를 부리는 것은 자신이지만
우리는 그 주인공을 볼 수는 없습니다.

세상을 다 안다 하더라도
자신이 누구인지 모른다면
아무 소용이 없습니다.

문윤정(수필가)

나는 누구인가?
Who am I?

남이 말하는 나, 내가 가진 고민·콤플렉스·특기, 행복하거나 불행했던 경험,
나의 가족과 멘토 등 나와 관계 맺고 있거나 표현할 수 있는 것들을 말해봅니다.

8가지 질문에 대한 답이 지금의 '나'입니다.
무엇을 느꼈나요?

모든 살아 있는 것들은
지금 이 순간을 살고 있다.
지금 이 순간은
과거도 미래도 없는
순수한 시간이다.

법정《아름다운 마무리》중에서

'나'를 가장 잘 표현하는 단어는?

What's the word that expresses me the most?

자기 자신에게 집중해봅니다.
그리고 자신을 한 단어로 표현해봅니다.

나는 _____ 이다!

이유

사랑하라, 한 번도 상처받지 않은 것처럼

춤추라, 아무도 바라보고 있지 않은 것처럼
사랑하라, 한 번도 상처받지 않은 것처럼
노래하라, 아무도 듣고 있지 않은 것처럼
일하라, 돈이 필요하지 않은 것처럼
살라, 오늘이 마지막 날인 것처럼

알프레드 디 수자

나는 어떤 가치를 가지고 살아갈까?

What kind of value should I live with?

생각의 자물쇠를 열고 빈칸에 들어갈 단어를 스스로 찾아봅니다.

나는 _____ 를(을) 위해 살고 싶다.

이유

세상은 자기가
어디로 가고 있는지
아는 사람에게
길을 만들어준다.

랄프 왈도 에머슨

당신의 인생 시계는 지금 몇 시입니까?

What time is your life watch?

24h 인생 시계란 일생을 하루 24시간에 비유
24시간은 1,440분

인생시계를 확인한 후 일생 동안 꼭 이루고 싶은 것은 무엇인가요?

삶은 과거나 미래에 있지 않고

바로 지금 이 자리에서 이렇게 살고 있음이라는 것을 잊지 말아야 한다.

삶의 비참함은 죽는다는 사실보다도 살아 있는 동안

우리 내부에서 무언가 죽어간다는 사실에 있다.

가령 꽃이나 달을 보고도 반길 줄 모르는 무뎌진 감성,

저녁노을 앞에서 지나온 자신의 삶을 되돌아볼 줄 모르는 무감각,

넋을 잃고 텔레비전 앞에서 허물어져가는 일상…

이런 현상이 곧 죽음에 한 걸음씩 다가섬이다.

법정 《아름다운 마무리》 중에서

현재의 나 · 미래의 나

The Present Me, The Future Me

지금 자신의 상태나 상황을 표현하는 그림 세 개와
미래 어떻게 변하면 좋을지를 표현하는 그림 세 개를 그려봅니다.

현재	미래
인간관계	
진로	
삶	

'오늘의 나'에게 정말 필요한 것은 무엇인가요?

지금

여기서

있는 그대로

바라보기

내가 좋아하는 것들은 뭐지?

What's my favorite things?

'나답다'라는 것은 진짜 내가 좋아하는 것이 뭔지 물어보는 것이다.
'나다움'을 찾으려면 직접 경험해봐야 합니다.

"내가 진짜
좋아하는 것들이 뭐지?"

① ② ③ ④ ⑤ ⑥ ⑦

앞으로 꼭 해보고 싶은 경험은 무엇인가요?

자신도 이롭고 타인도 이롭게 하는 것인가요?

방문객

사람이 온다는 건
실은 어마어마한 일이다.
그는
그의 과거와
현재와
그리고
그의 미래와 함께 오기 때문이다.
한 사람의 일생이 오기 때문이다.
부서지기 쉬운
그래서 부서지기도 했을
마음이 오는 것이다 – 그 갈피를
아마 바람은 더듬어 볼 수 있을
마음,
내 마음이 그런 바람을 흉내낸다면
필경 환대가 될 것이다.

정현종

Story Time

이 순간 나는 행복해!

At this moment, I'm happy!

최근 자신의 스마트 폰에 저장되어 있는
행복했던 순간의 사진이나 그림을 보고
그대로 그려보고 story time을 가져봅니다.

사진 제목 :

사진 내용 :

그림을 그린 후 몸과 마음에서 느껴지는 것은 무엇인가요?

SELF and
MEDITATION 자아와 명상

비스듬히

생명은 그래요.
어디 기대지 않으면
살아갈 수 있나요?
공기에 기대고
서 있는 나무들 좀 보세요.

우리는 기대는 데가 많은데
기대는 게 맑기도 하고
흐리기도 하니
우리 또한 맑기도
흐리기도 하지요.

비스듬히 다른 비스듬히를
받치고 있는 이여.

정현종

나의 성격유형은 어느 쪽인가?

What is my personality type?

자신과 가까운 성격유형에 체크해보고
그 이유에 대해서 나누어봅니다.

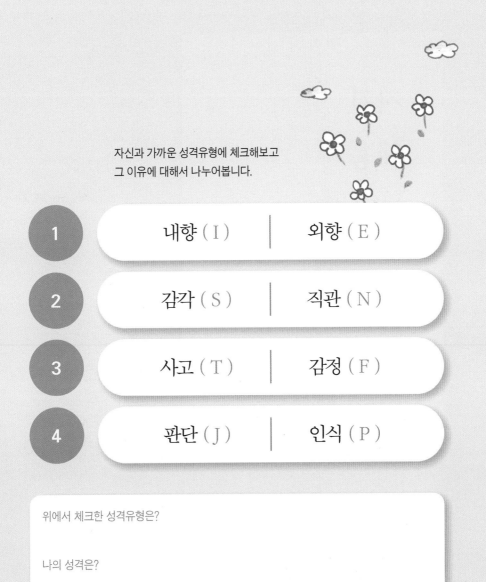

1 | 내향 (I) | 외향 (E)

2 | 감각 (S) | 직관 (N)

3 | 사고 (T) | 감정 (F)

4 | 판단 (J) | 인식 (P)

위에서 체크한 성격유형은?

나의 성격은?

자기
채움

SELF FILLING

나는 어떠한가?

길을 잘못 들어섰다고
슬퍼하지 마라, 포기하지 마라
삶에서 잘못 들어선 길이란 없으니
모든 새로운 길이란
잘못 들어선 발길에서 찾아지는 것

박노해

모자란 게 아니야
아직 덜 채워진 거야

늦은 게 아니야
아직 도착하지 않은 거야

못 피운 게 아니야
안 핀 꽃일 뿐이야

서재석《젊은 새벽의 서재》중에서

나만의 가치 발견하기

Discovering One's Own Value

아래 단어들 중 남과 비교할 수 없는 나만의 가치 3가지를 써봅니다.

**믿음 · 감사 · 성실 · 용기 · 공감 · 부지런함 · 희망 · 반성
책임 · 친절 · 정리정돈 · 유머 · 자연사랑 · 봉사 · 자신감
존중 · 미소 · 배려 · 음악 …**

나만의 가치

1.

2.

3.

이러한 나만의 가치를 가지고 정말 원하고 배우고 싶은 것은 무엇인가요?

당신은

따뜻한 말을 좋아합니다.

듣는 사람도

하는 사람도 행복해지니까요.

최대호《너의 하루를 안아줄게》중에서

말은 마음의 소리

Words, The Sound of The Heart

말이 쌓이고 쌓여 자신의 품격이 됩니다.
어린 시절부터 지금까지의 삶을 돌아보고 상처받았던 말과 감동받았던 말 각각 세 가지를 써봅니다.

상처받은
말

1.

2.

3.

감동받은
말

1.

2.

3.

품격 있는 말을 쓰고 있나요?

내 곁에

친구가 없다면
길은 멀고 험해라
꽃길도 홀로 가면
쓸쓸하고 허무해라

내 곁에 함께 걷는
친구가 있다면
멀고 힘든 길도
걸음마다 꽃이어라

박노해

당신에 대해 설명해보세요

Explain Yourself

최근에 만난 5명이 때로는 자신의 모든 것을 설명하기도 합니다.
최근에 만난 5명을 쓰고 각각의 특징을 간단히 써봅니다.

최근에 만난 5명 | 특징

	이름	특징
1.		
2.		
3.		
4.		
5.		

지친 나에게,

걱정하는 나에게,

포기하고 싶은 나에게,

"힘내."라는 무책임한 말은 하지 않을래.

대신 "마음이 안 좋았겠다."

"힘들었겠다."라고

네 마음 안아줄래.

최대호 《너의 하루를 안아줄게》 중에서

누군가의 지지대

Being a Prop for Someone

내가 누군가의 지지대가 되어준 적이 있는가?
지금까지 삶에서 누군가의 지지대가 되어준 적이 있었는지 떠올려봅니다.

내가 지지대가 되어 준 이야기

잘못 전달된

말 한마디가

누군가에게

큰 상처로 남는다

앵무새 듣기

Like a Parrot

두 사람이 마주 앉아 서로 번갈아 가며 한 문장씩 말합니다.
듣는 사람은 상대방의 말을 주의깊게 듣고, 들은 그대로 전달해봅니다.

당신은

"
....

....

"
....

라고 했습니다.

위 실습을 통해 느낀 점은 무엇인가요?

1초를 바꾸면 1일이 바뀌고,
1일이 바뀌면 인생이 바뀐다.

이지성·황희철 《하루 관리》 중에서

하루 관리
Daily Management

오늘 어떤 하루를 보냈나요?
시간 목록과 습관 목록을 작성해봅니다.

시간 목록

오전

오후

습관 목록

없애야 할 습관

지켜야 할 습관

필요한 습관

냉담한 세상에서

아무런 잘못 없이 스스로를

질책해야 했던

나와 닮은 누군가에게

전하고 싶다.

우린 잘못이 없다고

나로서 당당하게

살아가도 된다고 말이다.

김수현《나는 나로 살기로 했다》중에서

어느 힘들었던 날의 일기

A Hard Day's Diary

아래의 주제로 나를 위한 치유의 글을 써봅니다.

어느 힘들었던 날에

너의 하늘을 보아

네가 자꾸 쓰러지는 것은
네가 꼭 이룰 것이 있기 때문이야

네가 지금 길을 잃어버린 것은
네가 가야만 할 길이 있기 때문이야

네가 울며 다시 가는 것은
네가 꽃피워 낼 것이 있기 때문이야

힘들고 앞이 안 보일 때는
너의 하늘을 보아

네가 하늘처럼 생각하는
너를 하늘처럼 바라보는

너무 힘들어 눈물이 흐를 때는
가만히

네 마음의 가장 깊은 곳에 가 닿는
너의 하늘을 보아

박노해

공감 대화

Empathetic Talk

'어느 힘들었던 날의 일기' 이야기를 서로 공감하며 대화합니다.

공감 대화를 나눈 소감을 쓰시오.

지레짐작

내 마음의 아픔 그 고통들

죄다 내 지레짐작 때문이었네

당신은 그런 생각 한 번도 없었다는데

공연한 내 생각만으로 그렇다고

마침내 틀림없이 그렇다고

믿어 의심하지 않았네

당신을 보네

오래도록 눈 깊게 바라보네

내 확신은 다만 내 지레짐작 뿐이었음을

그 눈이 내게 말하네

그 모두 공연한 아픔이었다고

이병철

감정에 대한 이해
Understanding Emotion

나를 억누르고 있는 부정적 감정에는 더 좋아지고 싶은 바람이 숨어 있기도 합니다.
아래 내용 중 요즘 자신이 느끼는 감정에 동그라미 해봅니다.

답답한 · 슬픈 · 절망적인 · 서운한 · 귀찮은

기막힌 · 아까운 · 어이없는 · 수치심 · 소외감

패배감 · 죄책감 · 비참한 · 피곤한 · 자격지심

배신감 · 초조한 · 억울한 · 지루한 · 걱정되는

불안한 · 불만족 · 주눅 든 · 긴장되는 · 강박

고통스러운 · 두려운 · 창피한 · 아쉬운 · 시기

질투 · 분노 · 화나는 · 열등감

자신의 감정을 외면하지 않고 인정해줍니다. 그 감정 뒤에 있는 바람 또한 알아줍니다.

위 체크한 감정 중 한 가지만 선택해 그 감정 뒤에 숨은 바람이 무엇인지 적어봅니다.

"미안해요."

"용서해요."

"고마워요."

"사랑해요."

하와이에서 내려오는 전통적인 치유법

칭찬 인터뷰

Complimentary Interview

상대방의 칭찬할 점에 대해 인터뷰하고 인터뷰한 내용을 기록합니다.
듣는 사람은 인터뷰하면서 상대방의 칭찬할 점을 찾아봅니다.

배움이

중요한 것이 아니라

실천하는 것이

더 중요하다.

롤 모델 포스터 만들기

Making a Role Model Post

롤 모델 이름 :

롤 모델 선정 이유 :

롤 모델이 남긴 말로 포스터를 꾸며봅니다.

자기
비움

SELF EMPTYING

나는 있는 그대로 바라볼 수 있는가?

버림

김재진

한 손엔 꽃,
남아 있는 한 손엔 보석을 쥔 당신에게
버리라고 말한다면 무엇을 버리겠는가?
당신은 물론 꽃을 버릴 것이다.
그러나 꽃을 버린 당신에게 또 하나 더
버리라고 말한다면
어리둥절하지만 당신은
나머지 것 마저 버릴 수밖에 없다.
왜냐면 당신이 쥐고 있는 그것들은
버리라고 명하는 그 사람을 위해 가지고 온 것이니까.
그러나 꽃도 보석도 내려놓은 당신을 향해
그 사람은 여전히 버리라고 말한다.

무엇을 버릴 것인가 당신은?
당신과 내가 참으로
버려야 할 것은 무엇인가?

언제 어디서나 지금 이 순간을 살 수 있어야 한다.

모든 것은 끊임없이 흐르고 변한다.

사물을 보는 눈도 때에 따라 바뀐다.

정지해 있는 것은 아무것도 없다.

같은 강물에 발을 두 번 담글 수 없다는 까닭이 여기에 있다.

그러기 때문에 집착할 게 아무것도 없다.

법정 《아름다운 마무리》 중에서

모든 것이 변한다는 사실 발견하기

Discovering the Fact that Everything Changes

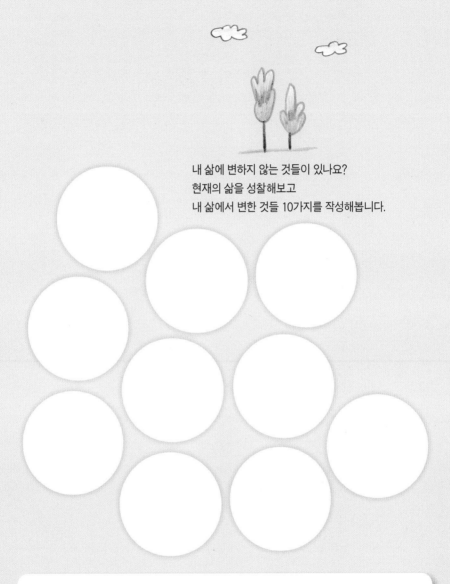

내 삶에 변하지 않는 것들이 있나요?
현재의 삶을 성찰해보고
내 삶에서 변한 것들 10가지를 작성해봅니다.

모든 것이 변한다는 사실을 발견하고 느낀 점은 무엇인가요?

SELF and MEDITATION 자아와 명상

호흡명상의 시작은

자신이 숨을 쉬고 있다는 것을 아는 것이다.

숫자 세기 명상

Breath-Counting Meditation

호흡하면서 숫자를 헤아려봅니다.
숨을 들이쉬며 하나, 내쉬며 둘,
들이쉬며 셋 …… 내쉬며 열.

1. 호흡과 함께 숫자 세기

집중도 (%)

2. 일어난 생각들

3. 숫자 세기 명상 소감

SELF and
MEDITATION 자아와 명상

바디스캔은

언제 어디서도

내 몸의 감각으로

돌아오는 연습입니다.

그리고

그 감각은 늘 변한다는 사실도

깨닫게 해줍니다.

바디스캔

Body-scan Meditation

(몸 느낌 검색하기)

조용히 누워서 머리끝에서 발끝까지 내 몸의 감각을 있는 그대로 알아차립니다.

우리는 얼마나 우리의 몸 안에 살고 있을까?

1. 머리	
2. 얼굴 전체	
3. 목	
4. 양어깨	
5. 가슴	
6. 아랫배	
7. 양다리	
8. 바디스캔 소감	

SELF and MEDITATION 자아와 명상

비울수록
가득하네.

정목

가을풍경 카메라에 담기

Take a Picture of Autumn Scenery

눈으로 본 것

귀로 들은 것

손으로 만져본 것

코로 냄새 맡은 것

가을풍경을 경험하면서
느낀 감정들

내 눈에 비친 가을은
어떤 세상인가요?

걷는 일에 알아차림과 주의를 온전히 집중합니다.

그 순간 우리는 발밑의 땅에도 존재하는 사람이 되며,

저 앞에 보이는 풍경에도, 머리 위 구름에도,

그리고 주변 사람들에게도 그곳에 존재하는 사람이 됩니다.

틱낫한 《깨어있는 마음으로 깊이 듣기》 중에서

걷기 명상

Walking Meditation

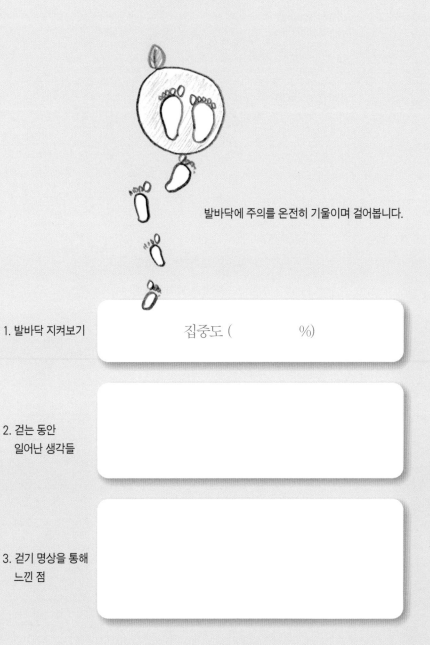

발바닥에 주의를 온전히 기울이며 걸어봅니다.

1. 발바닥 지켜보기

집중도 (%)

2. 걷는 동안
   일어난 생각들

3. 걷기 명상을 통해
   느낀 점

머릿속 이미지를 내려놓고
보이는 그대로를 표현해봅니다.

드로잉 명상
Drawing Meditation

연필 소리에 집중해봅니다. 생각을 그리지 말고 보이는 대로 그려봅니다.

눈을 대상물에 둔 채 손이 움직이게 합니다.

보이는 대로 그린 후 소감
_____
_____

음악 감상도 우리가 몰두할 때,

음악 명상이 될 수 있다.

음악으로 주의를 집중시키고

친절한 느낌이 일어나도록 함으로써

우리 자신에게 선함을 가져다준다.

음악 명상

Music Meditation

음악을 들을 때 스스로를 감동받도록 내버려둡니다.
음악 감상 목록을 만들어봅니다.

음악 감상 목록

1.

2.

3.

한 곡을 선택해 듣고 음악 명상 소감을 적어봅니다.

대추 한 알

저게 저절로 붉어질 리는 없다.
저 안에 태풍 몇 개
저 안에 천둥 몇 개
저 안에 벼락 몇 개

저게 저 혼자 둥글어질 리는 없다.
저 안에 무서리 내리는 몇 밤
저 안에 땡볕 두어 달
저 안에 초승달 몇 낱

장석주

먹기 명상
Eating Meditation
(음미하며 먹기)

분주함 속에 관심두지 않았던 일상의 맛을 느껴봅니다.
천천히 음미하면서 먹는 전과정을 알아차립니다.

눈으로 본 내용은?

손으로 만졌을 때 느낌은?

귀에 들리는 소리는?

코로 맡은 냄새는?

입안에서 느낌은?

씹었을 때 입안에서 느낌은?

삼킬 때 입안과 목에서 느낌은?

먹기 명상 후 소감

"나는 당신에게 아무런 적대감이 없습니다.
당신 또한 나에게 아무런 적대감 없기를 바랍니다."

용서 명상

Forgiveness Meditation

나도 상대도 어제의 자기 자신이 아닙니다.
미워하고 있는 나도, 미운 짓을 한 상대도 끊임없이 변합니다.

가벼운 언쟁이나 사소한 행동으로 갈등이 일어난 경우를 떠올려봅니다.

내용 :

화해의 문장 :

자기
나눔

Self Sharing

나는 따뜻함이 있는가?

토닥토닥

김재진

나는 너를 토닥거리고
너는 나를 토닥거린다.

삶이 자꾸 아프다고 말하고
너는 자꾸 괜찮다고 말한다.

바람이 불어도 괜찮다.

혼자 있어도 괜찮다.

너는 자꾸 토닥거린다.
나도 자꾸 토닥거린다.

다 지나간다고 다 지나갈 거라고
토닥거리다가 잠든다.

사람마다 나름대로

나란 멋에 살건마는

이 몸은 언젠가는

한 줌 재가 아니리

묻노라, 주인공아!

어느 것이 참 나 이런고?

- 구산 선사 -

묻노라, 주인공아!

내가 누구인지 답할 수 있어야 합니다

1. 자기 자신 알기
나는 어떤 가치를 추구하는 삶을 살것인가?

2. 세상에 기여하기
나는 세상에 어떤 기여를 할 것인가?

3. 옳은 일 하기
나는 어떤 올바른 행동을 실천할 것인가?

오늘 하루

내게 오는 모든 경험들을

저항하지 않고

감사히 받아들입니다.

감사 명상
Gratitude Meditation

감사하는 마음은 하루를 유쾌하게 만들기도 하고 우리의 삶을 넓게 확대시키기도 합니다.
감사하다고 느끼는 모든 것을 떠올려보고 적어봅니다.

감사한 것들

자신에게 감사한 것

1.

2.

3.

타인에게 감사한 것

1.

2.

3.

자비란

나와 타인의 고통을

이해하는 능력입니다.

자비 명상

Mercy Meditation

우리 모두가 소중한 존재임을 인식합니다.
자신과 타인에게 보내는 보편적 바람을 적어봅니다.

자신을 위한 자애문구 쓰기

내가 _____ 이기를…
하기를…

타인을 위한 자애문구 쓰기

당신이 _____ 이기를…
하기를…

자비명상 후 소감 :

돈으로 경험을 산다는 것은

결국 돈으로 이야깃거리를 산다는 것이다.

이야깃거리는 관계를 전제로 하기 때문에,

경험이 제공하는 이야깃거리는 관계를 강화시킨다.

우리는 함께 경험하기를 원한다.

설사 혼자서 한 경험이라도

수다를 통해 그 경험을 나누기를 원한다.

최인철 《굿라이프》 중에서

나의 도전 경험 나누기

Sharing My Challenge

그 동안 도전해본 경험들 중 다른 사람에게 전하고 싶은 것은?
나의 경험을 타인과 나누어봅니다.

도전 경험은 무엇인가요?

도전을 통해 배운 점은?

내가 사랑하는 사람

나는 그늘이 없는 사람을 사랑하지 않는다
나는 그늘을 사랑하지 않는 사람을 사랑하지 않는다
나는 한 그루 나무의 그늘이 된 사람을 사랑한다
햇빛도 그늘이 있어야 맑고 눈이 부시다
나무 그늘에 앉아
나뭇잎 사이로 반짝이는 햇살을 바라보면
세상은 그 얼마나 아름다운가

나는 눈물이 없는 사람을 사랑하지 않는다
나는 눈물을 사랑하지 않는 사람을 사랑하지 않는다
나는 한 방울 눈물이 된 사람을 사랑한다
기쁨도 눈물이 없으면 기쁨이 아니다
사랑도 눈물이 없는 사랑이 어디있는가
나무 그늘에 앉아
다른 사람의 눈물을 닦아주는 사람의 모습은
그 얼마나 고요한 아름다움인가

정호승

나에게 소중한 사람

A Precious Person to Me

나에게 소중한 사람 한 분을 떠올려봅니다.
그분에게 보내는 희망과 바람의 메시지를 적어봅니다.

나에게 소중한 한 분은?

그분에게 보내는 희망의 메시지는?

당신에게 말 걸기

이 세상에
못난 꽃은 없다
화난 꽃도 없다

향기는 향기대로
모양새는 모양새대로

다, 예쁜 꽃

허리 굽히고
무릎도 꿇고
흙 속에 마음을 묻는

다, 예쁜 꽃

그걸 모르는 것 같아서
네게로 다가간다

당신은
참, 예쁜 꽃

나호열

우리와 또 다른 우리
Us and The Other of Us

우리 주변에 소외된 계층 또는 사회적 약자는 누구일까?
그분들에 대한 편견은 없었는지 생각하고 이해해봅니다.

내가 알고 있는 사회 소외 계층은?

사회 소외 계층과 더불어 살아가는 방법은 어떤 것이 있을까?

저마다의 삶을 살아가는 우리는

언제나 고통을 일으키는 여러 상황을 겪게 된단다.

그걸 마음의 상처라고 부르지.

네가 그걸 무시한다면 그건 절대로 치유되지 않아.

하지만 때로 우리 마음이 상처 입을 때,

그때가 바로 마음을 열 때이기도 해.

실은 종종 우리에게 성장할 최고의 기회를 주는 건,

다름 아닌 마음의 상처이기도 해.

이런저런 힘겨운 상황들.

그게 바로 마법의 선물이지.

제임스 도티 《닥터 도티의 삶을 바꾸는 마술가게》 중에서

한 학기를 마치며

At The End of The Semester

(나에게 보내는 메시지)

사랑, 하고 있나요?
이 질문에 대한 자신만의 답을 적어 봅니다.

한 학기를 마치며 나에게 따뜻한 응원의 말을 남겨봅니다.

자아와 명상
SELF and
MEDITATION

우리들은 자신이 누구인지도 모른 채 '나'를 내세우고, '내 것'에 집착하고, '내 생각'을 고집하며 살아갑니다. 또 행복은 언젠가 이루어야 할 것으로 미루며 살아갑니다.《자아와 명상 워크북II》를 통해 '지금 여기'에서 행복할 수 있다는 걸 자각할 수 있습니다. '자아와 명상' 엠블럼은 명상하는 우리들 모습이며, 하늘과 땅과 생명을 담은 탑을 표현하였습니다.

자아와 명상 워크북 II
사랑,
하고 있나요?

초판 1쇄	2018년 8월 20일
개정판 1쇄	2019년 8월 28일
개정판 5쇄	2023년 8월 28일

지은이	자목
발행인	정지현
편집인	박주혜

대표	남배현
본부장	모지희
책임편집	박석동
본문그림	김정경
디자인	동경작업실

펴낸곳	모과나무
주소	서울시 종로구 삼봉로 81 두산위브파빌리온 1308호
전화	02-720-6107
전송	02-733-6708
전자우편	jogyebooks@naver.com
등록	2006년 12월 18일 (제2009-000166호)
구입문의	불교전문서점 향전(www.jbbook.co.kr) 02-2031-2070

| ISBN | 979-11-87280-38-5 (03220) |

지혜의 향기로 마음과 마음을 잇습니다.